VENTE LE JEUDI 17 MAI 1866

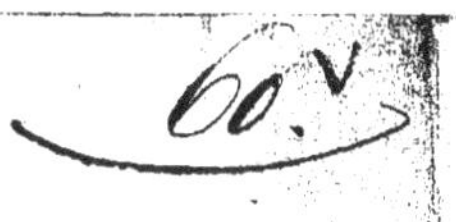

BEAUX

MEUBLES ANCIENS

OBJETS D'ART

ET

DE CURIOSITÉ

APPARTENANT A M. D···· *[Courtehoz ?]*

M⁼ CHARLES PILLET, Commissaire-Priseur.

M. FEBVRE, Expert.

RENOU & MAULDE

IMPRIMEURS DE LA COMPAGNIE DES COMMISSAIRES-PRISEURS

Rue de Rivoli, 144.

CATALOGUE

DE

TRÈS-BEAUX

MEUBLES ANCIENS

Italiens et Français des XVIᵉ & XVIIᵉ Siècles,

OBJETS D'ART ET DE CURIOSITÉ

**Bronzes florentins, Pièces en fer forgé,
anciennes Faïences;**

BELLES TAPISSERIES

*Le tout appartenant à M. D***

DONT LA VENTE AUX ENCHÈRES PUBLIQUES AURA LIEU

HOTEL DROUOT

GRANDE SALLE Nº 5

LE JEUDI 17 MAI 1866

A DEUX HEURES TRÈS-PRÉCISES

Par le ministère de Mᵉ **CHARLES PILLET**, Commissaire-Priseur,
rue de Choiseul, 11,
Assisté de M. **FEBVRE**, Expert, rue Laffitte, 12,
Chez lesquels se distribue le Catalogue.

EXPOSITION PUBLIQUE

Le Mercredi 16 Mai 1866, de 1 heure à 5 heures.

PARIS — 1866

CONDITIONS DE LA VENTE

Elle sera faite au comptant.

Les Acquéreurs paieront CINQ POUR CENT, en sus des adjudications.

L'Exposition mettant les Acquéreurs à même de se rendre compte de l'état des Objets, il ne sera reçu aucune réclamation après l'adjudication prononcée.

DÉSIGNATION

Meubles de diverses époques.

1 — Magnifique meuble italien, de la plus grande richesse. Ce meuble en ébène est orné sur toutes ses parties de plaques en ivoire gravé représentant des figures mythologiques et des arabesques ; la partie supérieure offre : au centre, une vitrine, de chaque côté, six tiroirs, le haut avec entablement surmonté de trois niches ou portails. La partie basse offre cinq panneaux principaux décorés de plaques d'ivoire avec personnages gravés. Rien de plus riche que cette pièce d'un travail exceptionnel.

2 — Magnifique table, aussi riche et même genre de travail que la précédente pièce.

3 — Meuble dressoir, même genre de travail que les meubles précédents. Cette troisième pièce termine l'ensemble ; elle porte les armes des Sforza, ducs de Milan.

4 — Très-beau meuble du XVIe siècle en noyer sculpté, dit meuble Jean-Goujon, orné de panneaux sculptés avec les figures de Bacchus et Ariane, et celles de Flore et de Cérès ; sur d'autres parties sont des sphinx, des sirènes et des frises à muffles de lions ; la partie inférieure avec supports d'atlantes, le haut avec entablement et niches avec griffons et femmes ailées ; toutes ces sculptures séparées par des plaques de marbre vert. Meuble de premier ordre en son genre, et digne d'un musée.

5 — Très-beau meuble de l'époque de Louis XVI, entièrement orné de filets en cuivre poli; la partie supérieure offre quatre panneaux vitrés puis des colonnes cannelées et à jour supportant son entablement à ressauts. Cette pièce exceptionnelle est un véritable chef-d'œuvre d'ébénisterie.

6 — Très-beau meuble Renaissance à double corps en noyer sculpté, les panneaux avec personnages, les coins avec quatorze cariatides saillantes, les tiroirs avec muffles de lions; le haut avec entablement, fronton et statuettes.

Pièce remarquable par la richesse et la finesse de sa sculpture et aussi par la pureté de son style.

7 — Deux charmants meubles dits Pompadour de formes contournées avec ornements saillants rocaille. Ces pièces du plus gracieux aspect sont décorées de peintures de fleurs sur fond vert avec encadrements saillants ou moulures dorées; marbre en Portor; à l'intérieur de chaque meuble, quatre tiroirs à jour.

8 — Grand meuble du xvi° siècle en noyer sculpté, l'entablement avec parties saillantes soutenues par des colonnes de l'ordre dorique; le panneau principal est orné de la figure de saint Pierre; ce panneau cache un ancien coffre-fort. Très-bonne pièce de serrurerie; sur les côtés sont sculptées des figures d'apôtres.

9 — Très-beau bureau Louis XVI à quatre faces, avec cylindre chevronné.

Cette belle pièce est en bois de rose avec entourage en bois amaranthe; le haut à galerie, ornements en bronze doré très-fins. A droite et à gauche sont des candélabres à quatre lumières.

Pièce remarquable, une des plus riches en ce genre.

10 — Meuble portugais à tiroirs, dit Contador; cette pièce
en bois de couleur incrusté est cloutée autour des tiroirs; poignées et appliques en cuivre doré, ces der-
nières repercées à jour; les pieds sont formés par des
lions accroupis en bois sculpté.

11 — Très-beau meuble de salon de l'époque de Louis XVI,
d'une forme gracieuse, les bois dorés sont très-riches
de sculptures; il est couvert en damas blanc avec appliques d'oiseaux et de fleurs encadrés par des draperies,
toutes ces appliques en soie, brodées à la main, sont de
tons très-harmonieux. Grande ottomane, six fauteuils et
deux tabourets.
    Ce meuble a appartenu à une famille royale.

12 — Belle commode de l'époque de Louis XVI, très-rar e
par sa forme contournée. Elle est en bois de rose, avec
encadrements et filets en bois de couleur; beaux bronzes
ciselés et dorés mat, chutes, entrées de serrures avec
médaillons et poignées à fleur de lis ; marbre en vert de
mer.

13 — Bureau Louis XIII en ébène, entièrement incrusté
de filets et de rinceaux en cuivre; il est soutenu par
huit pieds à gaines reliés par des X.

14 — Beau et ancien meuble de salon Louis XVI, en bois
doré, couvert en ancienne tapisserie de Beauvais, représentant des fables de La Fontaine et des sujets pasto-
raux. Un grand canapé, huit fauteuils et quatre chaises,
dossiers à lyre.

15 — Autre meuble de salon Louis XVI en bois doré; il est
couvert en ancienne tapisserie de Beauvais; sujets pas-
toraux d'après Huet et Oudry. — Un canapé et six fauteuils.

16 — Table Louis XVI en bois sculpté et doré ; elle est à quatre faces et ornée de frises à jour ; le dessus à ressauts, avec marbre vert de mer.

17 — Table Louis XIII en bois de noyer, ornée d'incrustations de fleurs en bois de couleur ; quatre pieds avec parties dorées ; le bord de la table est entouré d'une feuille d'eau sculptée et dorée.

18 — Régulateur Louis XIV en poirier noir ; il est orné de bronze doré au mercure ; au centre, la figure du soleil. Très-bon mouvement.

19 — Grand et beau meuble Louis XIII en noyer ; les panneaux avec encadrements à portails surmontés par des têtes d'anges ; sur d'autres parties, d'autres ornements en bois sculpté.

Haut. 2 m. 40 c. Larg. 1 m. 80 c.

20 — Bureau Louis XIV, à dos d'âne, le bas à tiroirs formant commode. Pièce en bois violette. Elle est avec des encadrements en cuivre et des ornements en bronze doré au mercure.

21 — Grand coffret de mariage en noyer sculpté ; riche décor de rinceaux entourant une armoirie. — Travail italien.

22 — Grand fauteuil Louis XIII ; le bois très-finement sculpté ; garniture en ancienne tapisserie du temps.

23 — Très-grand fauteuil Louis XIV, en bois de noyer, très-finement sculpté ; le haut armorié ; il est couvert en ancienne tapisserie aux petits points représentant des vases de fleurs.

24 — Grand bureau Louis XV, en bois de rose, à table plate ; il est richement orné de bronzes dorés.

25 — Console Louis XV en bois sculpté et doré, ornements rocaille ; le bas avec colombes, le haut avec griffons.

26 — Meuble en ébène, formant en même temps chiffonnier et bureau ; il est orné sur le devant et sur les côtés
de douze peintures sur bois. Sujets de chasse et autres,
d'après Wouvermans.

27 — Boîte à dentelles également ornée de cinq peintures,
d'après Wouvermans.

28 — Deux grandes glaces biseautées, avec encadrements
anciens en bois sculpté de l'époque de Louis XVI. Elles
sont couronnées par des trophées et des colombes.
Hauteur, 2 mètres ; largeur, 1 m. 5 c.

29 — Autre glace d'entre-deux, même époque et même
genre d'encadrement.

30 — Grand chiffonnier Louis XVI en bois d'acajou, orné
de filets en cuivre poli. Les coins avec colonnes cannelées.

31 — Grande table Louis XIV, à quatre faces, en bois
sculpté et doré, les pieds reliés par des volutes à X et
dominés par un vase ; marbre en griotte d'Italie.

32 — Table Louis XIII, à quatre faces, en noyer sculpté ;
pieds à jour, à balustres. Elle est ornée de dix-sept plaques en faïence d'ancien Delft, décor bleu, ornements
et paysages.

33 — Support partie en faïence de Delft, partie en bois.

34 — Grandes torchères italiennes en bois sculpté, peint
et doré ; elles sont richement décorées de rinceaux et de
figures d'Amours. Ces pièces, qui se démontent en trois
parties, peuvent aussi servir comme supports.

35 — Fauteuil style Louis XII, en noyer sculpté ; il est
couvert d'une ancienne tapisserie à la main.

37 — Pelle et pincettes en cuivre et ornements en fer forgé.
Epoque Louis XIV.

39 —. Grand paravent en cuir de Cordoue, à dix feuilles, décor d'oiseaux et de feuillages en couleur sur fond or.

40 — Grande et belle console en bois sculpté et doré, époque Louis XIV.

41 — Paravent en laque de Chine, fond noir, avec paysages et personnages chinois et rehauts d'or.

42 — Paravent en cuir de Cordoue, décoré de paysages chinois.

43 — Lanterne à deux lumières, en cristal de Bohème, ornée de larmes mobiles. La monture en fer forgé et doré.

44 — Deux cornets en porcelaine du Japon, décor bleu, montés en lampes Carcel.

45 — Deux autres montés en lampes Carcel; garnitures en étain.

47 — Grand coffret à dos d'âne, époque Louis XIII; belle garniture en cuivre, clé curieuse en cuivre repercé à jour.

Bronzes et Bronzes dorés.

48 — Deux grands et beaux chenets en bronze florentin du xviᵉ siècle; les socles avec ornements à jour, les tiges surmontées de deux statuettes de figures mythologiques. Ces pièces portent les armoiries de Morosini, doge.

49 — Deux autres chenets florentins même genre que les précédents; ils sont ornés des statuettes de Mars et de Vénus; socles à rinceaux.

50 — Deux beaux chenets Louis XVI, avec galeries et vases à flammes ; ancienne dorure.

51 — Deux chenets Louis XV, avec enfants assis sur des rinceaux ; ancienne dorure.

53 — Deux autres Louis XIV, avec figures de guerriers et armoiries fleurdelisées. Le haut avec pommes de pins.

54 — Deux bras Louis XVI, à deux lumières, les tiges cannelées, dominées par des vases.

55 — Lustre hollandais en cuivre poli. Pièce d'une très-grande dimension; en haut et au centre, sont trois figures ronde-bosse, représentant le sujet de Persée et Andromède. La partie supérieure est fleurdelisée. Trente-deux lumières.

56 — Lustre hollandais en cuivre poli. Douze lumières.

57 — Lustre hollandais en cuivre poli. Seize lumières.

58 — Deux beaux chenets, époque de Louis XIV, ornés de cariatides et de boules à jour; le haut est avec brûle-parfums.

59 — Deux bras Louis XVI, à deux lumières.

60 — Deux autres même époque, ornés de médaillons et de pendentifs; tiges à deux lumières.

61 — Deux appliques Louis XVI, finement ciselées; le haut avec urnes à jour.

62 — Deux beaux bras-appliques à trois lumières, ornés de têtes de béliers, de guirlandes de fleurs ; le haut avec vases.

63 — Cartel Louis XVI, orné de pendentifs de feuilles de lauriers et d'une tête de lion.

64 — Deux appliques hollandaises formant glace et candélabres en bronze à sept lumières; les glaces sont de
forme ovale et encadrées par des baguettes en cuivre
avec ornements rocaille.

Haut. 1 m. 20 c. Larg. 85 c.

65 — Deux autres appliques hollandaises avec tiges à cinq
lumières, cadres en cuivre repoussé, avec mascarons et
ornements.

66 — Deux appliques hollandaises en cuivre poli, à sept lumières.

67 — Deux grandes bouteilles en ancienne faïence de
Delft, montées en candélabres en bronze finement ciselés et dorés, tiges de lis et de roses à six lumières.

Pièces en fer forgé.

68 — Landiers ou handiers. Grands et beaux chenets du
XVIᵉ siècle, très-riches d'ornements en fer forgé. Les
deux grands supports sont terminés par des torchères;
deux autres supports tournants avec bougeoirs sont
reliés par des chaînettes. Des vases en cuivre sur socles
triangulaires ornent la base des tiges : pièces rares
portant la date de 1547.

70 — Deux beaux chenets, très-riches d'ornements à jour
et d'enroulements; ils sont munis d'une barrette, d'une
pelle et d'une pincette de même travail.

71 — Support, ornements rocaille à jour; beau travail.

72 — Grande console très-richement décorée d'ornements
rocaille à jour.

73 — Deux beaux chenets, les tiges avec enroulements à jour.

74 — Pelle et pincette avec ornements très-fins ; les tiges gravées.

75 — Grand lustre, très-riche d'enroulements à jour ; il est orné de chaînettes et fleurdelisé.

Faïences italiennes, françaises
ET DE DIVERSES FAERIQUES

76 — Belle fontaine et son bassin en faïence de Marseille ; elle est de forme contournée et d'une grande richesse d'ornements saillants en rose sur fond blanc ; sur le devant est un large médaillon d'oiseaux ; le support en bois marqueté offre des figures de naïades et des Amours. Le haut est dominé par la couronne de France en bois sculpté. Pièce de l'aspect le plus coquet.

77 — Urbino. Plat avec sujet : Lutteurs romains.

78 — Id.   Plat avec le sujet d'Actéon changé en cerf.

79 — Id.   Plat : la Vierge protectrice des voyageurs.

81 — Italienne. Deux cornets, décor polychrôme, ornés de médaillons à sujets ; montures en bois noir.

82 — Rome. Deux petits vases de forme gracieuse, décor rocaille avec bouquets de fleurs.

83 — Urbino. Très-beau plat à bords festonnés, décoré de rosaces et de palmettes ; au centre, un Amour sur un cheval.

84 — URBINO. Plat avec le sujet d'une Femme fuyant les attaques de plusieurs Amours; au revers, on lit : E. Fuggie-Rehusa Bella Naifoné-Gientillé, 1550.

84 — CASTEL-DURANTE. Beau plat orné d'arabesques d'après les dessins de Raphaël.

85 — Pot à tabac en faïence italienne, le couvercle en étain avec le portrait du roi Louis XV.

86 — PESARO. Vase à anses, décor gris sur fond bleu.

87 — MARSEILLE. Deux jardinières, décor de fleurs, ornements rocaille en relief.

88 — CASTELLI. Deux petits plats, décor de paysages. Bordures en bois sculpté.

89 — CASTELLI. Plaque ronde avec le sujet d'Actéon changé en cerf.

90 — CASTELLI. Plaque ronde avec le sujet de Suzanne et les Vieillards.

91 — CASTELLI. Deux plaques rectangulaires, avec paysages et ruines antiques.

92 — CASTELLI. Plaque : l'Enlèvement d'Europe.

93 —   ID.   L'Enfance de Bacchus.

94 —   ID.   Bol; le tour orné d'un sujet de chasse.

95 —   ID.   Plaque : le Triomphe d'Amphitrite.

96 — MARSEILLE. Deux plateaux : décor d'oiseaux perchés sur des branchages.

96 — MARSEILLE. Pot et son bassin, le pot décoré de paysages; le plateau offre au centre une ancienne Vue du port de Marseille.

97 — ITALIENNE. Grand vase cylindrique orné de rinceaux polychromes et d'un médaillon avec buste de guerrier.

98 — ROUEN. Plat à bords festonnés, avec frise sur fond gros bleu; au centre; une corbeille de fleurs.

99 — ROUEN. Seau ou Jardinière, ancienne qualité, à décor de fleurs et de quadrilles.

100 — ROUEN. Plat; au centre, une corbeille de fleurs.

101 — TRÉVISE. Vase à couvercle orné de festons lilas et d'Amours sur des nuages.

102 — SCEAUX. Deux jardinières ornées d'écussons et de bouquets.

103 — SCEAUX. Deux charmantes assiettes ornées de fleurs et d'Amours.

104. ROUEN. Très-beau et grand plateau rectangulaire; au centre, un paysage avec personnages chinois et oiseaux chimériques, bordure de fleurs sur fond gros bleu.

105 — ROUEN. Plateau plus petit, décor chinois.

106 — MARANS. Jardinière, décor de fleurs et de fruits.

107 — MARANS. Plateau; au centre, une corbeille de fleurs sur des rinceaux.

108 — DELFT. Plat avec décor de fleurs et d'oiseaux.

109 — DELFT. Plat; au centre, une femme chinoise jouant de la guitare.

110 — TRÉVISE. Très-beau et grand plat décoré en émaux de couleur. Il offre le sujet de la conversion de Saul, saint Paul. (Décrit dans l'ouvrage de M. Cuvillier.)

112 — NEVERS. Jardinière de forme ovale, fond gris, avec bouquets de fleurs; le haut et le bas avec feuilles d'acanthe.

113 — NEVERS. Deux perruches perchées sur des arbres.

Porcelaines anciennes.

114 — Hanap et son plateau en ancienne porcelaine de Chine, riche décor en émaux de couleurs dominés par des tons vert et rose.

115 — Deux Jardinières en porcelaine allemande, décor de fleurs, anses à têtes de femmes, bords dentelés.

116 — Pot à lait en saxe, décor de paysage.

117 — Un autre avec charmille.

118 — Groupe en saxe; allégorie de l'hiver, quatre enfants.

119 — Autre groupe; allégorie de l'Été; quatre enfants.

121 — Très-beau plat en chine, décor de la famille Verte.

122 — Autre plat, même genre, avec rehauts d'or.

123 — Garniture de trois vases, un grand et deux petits en ancienne porcelaine de Saxe, beau décor de fleurs.

Tapisseries.

124 — Sept anciennes tapisseries flamandes, personnages dans des paysages; bordures avec fruits et trophées d'armes. Seront divisées.

Haut. 3 m. 30 c. Larg. 2 m. 50 c.

125 — Grande portière en tapisserie flamande, personnages dans des paysages.

126 — Quatre charmantes tapisseries de Beauvais ; scènes pastorales, d'après Boucher, avec encadrements de fleurs et colombes. Charmantes pièces.

Deux : Haut. 1 m. 75 c. Larg. 1 m. 65 c.

Les autres : Haut. 1 m. 80 c. Larg. 1 m. 50 c.

127 — Deux bonnes grâces, ou encadrements en ancienne tapisserie; franges à gance en fin.

128 — Tapisserie flamande d'une parfaite conservation; elle représente des soldats conduisant un prisonnier, et des personnages implorant la clémence d'un général.

129 — Grande et ancienne tapisserie flamande représentant le sujet allégorique de la France protectrice des sciences et des arts; riche bordure de fleurs et de trophées d'armes.

Cette pièce porte la signature de Van Schoor.

Haut. 3 m. 75 c. Larg. 6 m. 50 c.

Objets divers.

130 — Christ en bois doré, époque Louis XIV. Cadre également doré, même époque.

131 — Aiguière Louis XIV et son plateau en cuivre doré.

Ces pièces ornées de frises et d'armoiries.

132 — Grand vase allemand en grès ayant la forme d'un baril, décoré d'ornements et d'animaux en émail bleu, anses avec blasons soutenus par des lions.

133 — Deux bustes de guerriers en terre cuite, portant cuirasses et casques. Belles pièces de l'époque de Louis XIV.

134 — Poêle en terre cuite de forme contournée et rocaille; il est richement décoré de rinceaux saillants se détachant en émaux verts sur un fond écru ; le couvercle est surmonté d'une figurine de jeune garçon assis. Cette pièce se démonte en cinq pièces faciles à transporter.

135 — Médaillon en terre cuite; vase contenant des fleurs détachées à jour, époque de Louis XVI.

136 — Ting, ou grand brûle-parfums en bronze chinois, le couvercle surmonté d'une chimère.

137 — Dauphin, fontaine en étain avec son bassin ayant la forme d'une coquille ; support, avec niche en noyer sculpté. Année 1690.

138 — Plat en étain de Briot, orné de médaillons de personnages, ayant trait aux arts et à l'industrie; au centre, le sujet d'Adam et Ève.

139 — Sous ce numéro, les Objets omis.

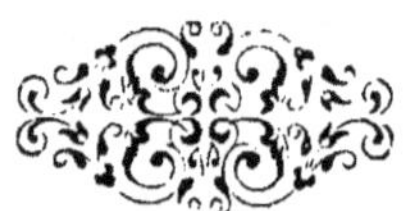

Renou et Maulde , imprimeurs de la Compagnie des Commissaires-Priseurs, rue de Rivoli, 144.